Made in the USA
Monee, IL
01 August 2022

10680434R00070